BIBLIOTHÈQUE DIABOLIQUE

LE SABBAT

DES
SORCIERS

PAR

BOURNEVILLE ET **E. TEINTURIER**

2º ÉDITION

PARIS

du Progrès | Lecrosnier et Babé
ÉDITEURS
Place de l'École-de-Médecine

BIBLIOTHÈQUE DIABOLIQUE

LE SABBAT DES SORCIERS

Il A ÉTÉ TIRÉ DE CET OUVRAGE
500 exemplaires numérotés à la presse :

    425 papier blanc vélin, N°s 1 à 425,
     50 — parchemin,   426 à 475.
     25 — du Japon,   476 à 500.

BIBLIOTHÈQUE DIABOLIQUE

LE SABBAT

DES

SORCIERS

PAR

BOURNEVILLE ET E. TEINTURIER

2ᵉ ÉDITION

PARIS

Aux bureaux du Progrès Médical
14, rue des Carmes.

Lecrosnier et Babé
ÉDITEURS
Place de l'École-de-Médecine.

1890

LE SABBAT

Du transport des Sorciers au Sabbat.

Les Sorcieres se rendent au Sabbat de differentes manieres. Les vnes se mettent vn baston blanc entre les iambes, & puis prononcent certains mots, et dehors sont portees par l'aër iusques en l'assemblee des Sorciers. Ou bien elles y vont sus vn gros mouton noir qui les porte si viste en l'aër qu'elles ne

Fig. 1.

se peuuent recongnoistre. Thieunne Paget r'apportoit que le Diable s'apparut à elle la premiere fois en plein mydy en forme d'vn grand home noir, & que comme elle se feut baillee à luy, il l'embrassa & l'esleua en l'aër, & la transporta en la maison du pré de Longchamois, où il la congneut charnellement, & puis la r'apporta au lieu mesme où il l'auoit prinse. Antide Colas disoit que le soir que Satan s'apparut à elle en

Fig. 2.

forme d'vn home de grande stature, ayant sa barbe & ses habillemens noirs, il la transporta au Sabbat, & qu'aux aultres fois il la venoit prendre sus son lict, & l'emportoit comme vn vent froid, l'empoignant par la teste.

Les aultres y vont tantost sus un bouc (*Fig. 1*), un taureau ou un chien (*Fig. 2*), tantost sus vn cheual volant, & tantost sus vn balay, & sortent le plus souuent par la cheminée, aulcuns cheuauchent vn roseau, vne fourche, vne quenoille : les vns se frottent auparauant de certaine gresse composée de chouses tres abhorrentes & deguoustantes, desquelles la plus ordinaire est gresse d'enfants selonement meurtris ; les aultres ne se frottent de rien. Les vns y vont nuds comme sont la plus part pour se gresser, les aultres vestus ; les vns la nuict, les aultres le iour, mais ordinairement la nuict.

Il s'en trouue encore qui vont au Sabbat sans beste, ny baston. Mais il faut croire aussi que le baston ny la beste ne prosficte non plus aux Sorciers que la gresse, ains que c'est le Dœmon qui est comme vn vent lequel les porte, ne plus ne moins que l'on veoid un tourbillon desraciner les arbres les plus haults, et les transporter deux et trois lieues loing de leur place.

Les Sorciers neantmoins vont quelques fois de pied au Sabbat, ce qui leur aduient principalement lorsque le lieu où ilz font leur assemblée, n'est pas gueres elloingné de leur habitation. « Il y en a qui portent quelque pœlle, ou aultre vaisseau de cuyure, ou deargent pour mieux solemniser la feste [1]. »

Le Sabbat se tient ordinairement de nuict.

Satan conuocque les Sorciers de nuict, affin qu'ils ne soyent descouuerts, car pour mesme raison ilz dansent en leurs assemblees doz contre doz, et mesme ilz se masquent maintenant pour la pluspart. Toutesfois ces assemblees Diabolicques se font tellement de nuict, que lors que le coq a chanté, tout vient à disparoistre.

Remigius afferme, au dire de Sorcieres iudiciairement conuaincues, le temps le plus idoine & le plus opportun, non seulement à leurs assemblées nocturnes, ains à telz aultres ieux du Diable, comme phantosmes, apparitions, spectres & bruyts

[1] Bodin. — *De la Démonomanie des Sorciers*, &c., p. 82.

horrificques, être durant l'heure præcedent la my nuict. L'heure suyvante n'est autant fauorable; mais les Sorcieres n'ont dict pour quoy. I'adiouterai qu'il n'est poinct en la nuict aultre heure en laquelle s'apparoissent les ombres & reuenans plus souuent à ceulx qui les redoubtent & en ont paour.

Et pour ce qui est du chant du coq, une Sorciere nommée Latoma, a reuesté que rien ne pouuoit leur estre plus fascheux, voyre funeste, que de ouyr le coq chanter ce pendent qu'elles se apprestent. Iehan Poumet & sa femme Desirée, tous deux sorciers, ont dict par dauant le Tribunal que souuentes fois les Diables approuchant l'heure de soy retirer du Sabbat, crioient : Hôla, descampez vitement vous aultres ; ià commencent les coqs à chanter. Par quoy se doibt sans doubte entendre qu'il ne leur est licite continuer leurs œuures passé ce moment. Mais on ne sçait pour quoy ils abhorrent tant & refuyent la voix du coq.

Du iour du Sabbat.

« I'ay estimé aultrefois, dit Boguet[1], que le Sabbat se tenoit seulement la nuict du Ieudy ; mais depuys que i'ay leu que quelques vns de la mesme sectte ont confessé qu'ilz s'assembloyent, les vns la nuict d'entre le Lundy et le Mardy, les aultres la nuict d'entre le Vendredy et le Samedy, les aultres la nuict qui præcedoit le Ieudy, ou le Dimanche, de là i'ay conclu qu'il n'y auoit point de iour præfix pour le Sabbat, & que les Sorciers y vont lors qu'ilz y sont mandez par Satan. »

A ces assemblées, dit Guaccius, ont coustume d'aller les Sorciers dans le silence de la nuict, quand regnent les puissances des tenebres; quelques fois pourtant ilz se reunissent à mydy, à quoy se rapporte l'Escripture : à Dæmone meridiano. En oultre, ilz ont d'habitude des iours præfix, diuers suiuant les diuers pays. En Italie ilz ont esleu la nuict du Ieudy, vers le mylieu, selon Sebastien Michel. En Lorraine les Sor-

---

[1] Boguet, *loc. cit.*, p. 100.
[2] *Loc. cit.*, p. 81.

cieres s'assemblent en la nuict du Mercredy & en celle du Samedy au Dimanche, selon Remigius. Aultres disent que c'est la nuict du Mardy.

Du lieu du Sabbat.

Les vns ont remarqué que le lieu du Sabbat est tousiours notable & signalé par le moyen de quelques arbres (ainsi soubs un grand noyer), ou croix ; mais le lieu des assemblées varie. Icy, les Sorcieres se reunissent en vn pré qui est sus vn grand chemin ; là, proche de l'eau, en vn lieu qui est du tout sans chemin. Ailleurs, les Sorciers s'assembloyent soubs un village, qui est vn lieu assez descouuert, &c., d'où il se veoid qu'il ne se faut pas beaucoup arrester au lieu des Sabbats & assemblées des Sorciers, lesquelz aussi n'ont pas beaucoup de poines de s'y retrouuer, veu que Satan les y conduict & porte.

L'eaue est requise au Sabbat, autant que pour faire la gresle les Sorciers battent ordinairement l'eaue auec vne baguette, mesmement qu'à faute d'eaue ils vrinent dans vn trou qu'ilz font en terre & puis battent leur vrine.

Du Pact exprés ou tacite que les Sorciers ont accoustumé de faire avec le Diable.

Les Dæmons ne font aulcune sorte de plaisir aux Sorciers & Magiciens, que ce ne soit en vertu du pact, ou conuention qu'ilz ont faict auecques eux. Cestuy pact se faict en deux façons, à sçavoir expresse ou tacite. Le pact est dict tacite, selon Grillandus, non obstante profession expresse du nouice, quand iceluy, par craincte de veoir le Diable & de parler à luy, est reçu en la confrairie par un Sorcier profez, vicaire du Dæmon. Le pact exprés est quand le Diable apparoist en forme corporelle par dauant tesmoings & reçoit hommage & fidélité. Lors n'est tousiours le Diable veu, mais il est ouï parlant & promettant honneurs & richesses au nouice. Cestuy renonce son Createur de viue voix ou remet une schédule es mains du Diable. A tous les pactts faicts avec le Dæmon sont unze poincts communs, comme suyt :

Premierement les Sorciers abiurent le baptesme & leur foy

chriftine & fe retirent de l'obeiffance de Dieu, repudient le patronage de la bien heureuse Vierge Marie que par derifion impie ilz appellent la rouffe. Enfuite renient tous les Sacrements de l'Eglife & foulent aux pieds la Croix (*Fig.* 3)

Fig. 3.

& les imaiges de la bien heureuse Vierge Marie & d'aultres sainéts. Icelles toutes fois ne conculquent en la præsence du Diable, ains en aultre lieu, promettant feulement de le faire dès que le porront. Enfuyte s'obligent par serment solemnel es mains du Prince à luy être perpetuellement fidelles & soubmis, obeissant à tous ses mandemens. Ensuyte, touchant les Efcriptures, à sçavoir un grand liure ayant pages noires & obfcures, preftent serment de vaffelaige æternel. Iurent en oultre qu'ilz ne retourneront iamais en la foy du Chrift ny ne garderont les diuins commandemens, ains ceulx qu'il plaira au Prince leurs decreter; que toufiours viendront sans retard aux ieulx des affemblées nocturnes quand seront de ce requis, y feront ce que feront les aultres sorciers & sorcieres, affiftant à leurs sacrifices & communiant à leurs prieres & adorations; qu'ilz obferveront leurs vœux au mieulx qu'ilz porront & s'efforceront d'amener aultrui en la mefme creance. En efchange promet le Prince des Dæmons, au nouice sorcier, d'vn visaige soubriant, vne perpetuelle felicité & des ioies immenses, toutes les voluptez qu'il desyrera en ce monde & en l'aultre des iouissances plus grandes que imaginer ne se peut.

Deuxiemement Satan contrainct le Sorcier de se rebaptiser on nom du Diable (*Fig.* 4) & de prendre un aultre nom,

Fig. 4.

renonçant le premier sien; ainsi feut Cuno de Roure rebaptisé Barbe de chieure. Ce qu'il faict comme est vraysemblable, affin que le Sorcier de la prenne opinion que son premier Baptesme est du tout effacé & ne luy peut plus seruir en rien.

Tiercement le confirme en cette opinion luy grauant de ses ongles le front pour d'illec tollir de Chresme & signe baptismal. (*Fig. 5.*)

Quartement luy faict renoncer ses parrains & marraines tant du Baptême que de la Confirmation, luy en assignant de nouveaulx.

Quintement donnent au Diable quelque part & morcel de leurs vestemens, pour ce que le Diable s'estudie à s'emparer d'une part de toutes choses; des biens spirituels, la foy & le Baptesme; des corporels, le sang; des naturels, les enfants, & des terrestres, les vestemens. (*Fig. 6.*)

Sixiemement, ils prestent serment au Dæmon en vn cercle graué en terre; peut estre bien par ce que il veut leurs faire accroire qu'il est le seigneur du Ciel & de la Terre, veu

Fig. 5.

que le cercle est le symbole de la Divinité & la Terre le scabeau de Dieu (*Fig. 5.*)

Fig. 6.

Septiemement, demandent au Dæmon estre rayez du liure

de vie & inscripts au livre de mort. (*Fig. 8.*) Ainsi estoient

Fig. 7.

les noms des Sorciers d'Avignon inscripts en un liure très noir.

Fig. 8.

Huitiemement promettent des sacrifices, aulcuns iurant

d'occir magicquement par chacun mois, voyre par chaque quinzaine un petit enfant en luy suççant le sang. (*Fig. 9.*)

Neufulemement se rendent tributaires à leurs Dæmons patrons de quelque impoſt une fois l'an, en rachapt des moleſtations dont ſont greués par le dict pact, & n'eſt le tribut valable s'il n'eſt de couleur noire.

Dixiemement ſont en variable partie du corps, es eſpaules ſoubs les paulpieres, ſoubs les leures, ſoubs les aiſſelles, au ſondement pour les hommes, es mamelles ou es parties honteuſes pour les femmes, marqués d'un ſigne auquel devient la peau inſenſible. La forme de ce ſigne n'eſt touſiours

Fig. 9.

la meſme; tantoſt c'eſt patte de lieuvre, tantoſt de crapaux, ou d'aragne, de chatton ou de lire. Et ne ſont tous ainſi marquez, ains ſeulement ceulx que le Diable cuyde inconſtants.

Unziememement promettent ne iamais adorer l'Euchariſtie, iniurier la Vierge & les Saincts, briſer & conſpuer les ſainctes reliques tant que pourront ne ſe ſeruir d'eau benoiſte ny de cierges conſacrez, ne iamais faire confeſſion entiere de tous leurs pechez; en fin garder ſilence ſempiternel ſus leur commerce auec le Diable.

Si les Sorcieres vont en ame au Sabbat.

Il y en a d'aultres qui tiennent que les Sorcieres vont le plus souuent au Sabbat en ame seulement, ce que l'on verifie par plusieurs exemples de quelques Sorcieres, lesquelles estans demourees comme mortes en leurs maisons par l'espace de deux ou trois heures, ont enfin confessé que pour lors elles estoient en esprit au Sabbat, rapportant particulierement tout ce qui s'estoit faict & passé on mesme lieu : Georges Gandillon la nuict d'un Ieudy Sainct demoura dans son lict comme mort par l'espace de trois heures, & puis retourna à soy en sursaut : il a du depuis esté bruslé en ce lieu auecques son pere et une sienne sœur [1].

Il y a quelque temps qu'vn certain du village d'Vnau au ressort d'Orgelet amena sa femme en ce lieu, & l'accusoit d'estre Sorciere, disant entre aultres choses qu'à certaine nuict d'un Ieudy, comme ilz estoient couchez ensemble, il se donna garde que sa femme ne bougeoit, ny souffloit en façon quelconque, sus quoy il commença à l'espoinçonner sans neantmoins qu'il la peust iamais faire esueigler, & à ceste occasion, il tomba en vne paour, de maniere qu'il se voulut leuer pour appeler ses voisins : mais quelque effort qu'il feist, il ne luy feut pas possible de sortir de son lict, & lui sembloit qu'il estoit entrappé par les iambes, mesme qu'il ne pouait pas encor crier : cela dura bien deux ou trois heures, & iusques à ce que le coq chanta : car lors la femme sesueigla en sursaut, & sur ce que le mary luy demanda qu'elle auoit, elle respondit qu'elle estoit si lasse du trauail qu'elle auoit eu le iour præcedent, qu'estant pressee du sommeil, elle n'auoit rien senty de ce que son mary luy auoit faict : alors le mary eut opinion qu'elle venoit du Sabbat, pour ce mesme que desia auparauant il soubçonnoit quelque peu, à raison qu'il estoit mort du bestail a quelques siens voisins qu'elle auoit menacez præcedemment.

Et certes il y a grande apparence que cette femme auoit esté en esprit au Sabbat, par ce premierement que l'ecstae dont nous auons parlé luy aduint au Ieudy, qui est la nuict ordinaire du Sabbat.

[1] Boguet (H.). — *Discours execrable des Sorciers*, etc. Rouen, 1606.

D'aduentaige comme le coq chanta elle s'afueigla en furfaut, fcelon que nous auons dict : or le Sabbat qui se faict nuictamment dure iufques à tant que le coq chante, mais depuis qu'il a chanté tout vient à disparoiftre.

Troifiemement l'excufe qu'elle print monftre bien qu'il y auoit de la malice de fon cofté : car quel homme a-t-on iamais veu fi endormy d'vn trauail & labeur præcedent que l'on n'ait peu facilement efueigler? George Gandillon s'excufoit de la mefme façon, lors que l'on luy demanda pour quoy il ne s'eftoit poinct efueiglé, encore que l'on l'euft pouffé rudement plufieurs fois.

En quatriefme lieu il fe recongnoift qu'il y auoit du fortilege, en ce que le mary fe fentoit entrappé par les iambes, & qu'il ne pouoit crier.

Finallement les Efcheuins d'Vnau, qui affiftoient le mary, aueroyent que cefte femme eftoit defcenduë de parens que l'ô fufpectoit defia de Sorcellerie. Voyla comme l'on peut dire que les Sorciers vont en Sabbat en ame & efprit.

D'aultres fois y vont reallement & corporellement, laiffant en leur place quelque fimulachre ou effigie à leur reffemblance, par quoy foit leur mary defceu, s'il vient à s'efueigler. Le Dæmon a bien fouuent auffi couftume, ayant prins un corps, de foy fubftituer on lict de la Sorciere partie au Sabbat ; et par ainfi a commerce charnel auec le paouure mary. Ou bien elles vfent d'vn aultre artifice, endormant iceluy d'un fommeil magicque. Bertrande Tonftrix a confeffé l'auoir faict fouuentes fois & auoir bien fouuent endormy fon mary en lui frottant l'aureille de la main dextre oingte premierement de l'onguent dont elle mefme fe greffoit pour aller au Sabbat. Eller, femme du doyen d'Ottingen, aduoua qu'elle fuppofoit en fa place un aureiller d'enfant, après auoir prononcé le nom de fon dæmon ; d'autres duppaient leur mary auecques des balays. Marie, femme du raccommodeur de Metzer Efch, fe feruoit d'vne botte de fouarre qui difparoiffoit fi toft qu'elle reuenoit à la maifon[1].

[1] *Compendium Maleficarum*, etc., per Fratrem Francifc. Mariam Guaccium, 1616, p. 69.

Il y a au Sabbat plus de femmes que d'homes.

Interrogez en iustice, des Sorciers ont dict estre vrayment aux assemblées nocturnes grande multitude de gens des deux sexes ; Iehanne de Banno, Nicole Ganat de Mayner en Lorraine, ont asceüré auoir veu au Sabbat, toutes & quantes fois elles y estoient, si grande mesnie de Sorciers que plus ne les estonnoit la misere des homes, à qui sont par tant d'ennemis tant d'embusches dressées ; ains s'esbahissoient moult que ne seussent plus grandes les calamitez humaines. Catherine Ruffa a dict auoir veu cinq cents Sorciers, à tout le moins, la première nnict qu'elle feut au Sabbat. Pourtant atteste Barbelline Raiel de Blainville es eaux que les femmes s'y treuuent en nombre maieur.

La raison pour quoy il y a au Sabbat plus de femmes que d'homes est que en icelles est plus grande superstitiosité, dont les causes sont : la prime, que les femmes sont par nature plus facilement meues à recepvoir des reuelations : faisant de ces reuelations bon vsaige sont grandement bonnes; mauluois deviennent suppellativement meschantes. La seconde que les femmes sont credules à merueille : le Diable s'estudiant principalement à surprendre la creance les hante & assaille de meilleur gré. La tierce que les femmes sont naturellement loquaces & bauardes, ne sçavent garder un secret & racontent aux aultres femmes tout ce qu'elles sçavent. Oultre sont cholericques & ne pouant par deffault de forces se venger, ont recours aux malefiles, faisant au prochain par art diabolicque le mal que faire ne peuuent par force ouuerte. La quarte et vltime, que les femmes, comme dit Terentius, sont en leurs idées aussi muables qu'enfans ; par quoy la femme meschante abiure plus facilement sa foy, que par auant auoit en degré excessif. Et ce est en sorcellerie raison fondamentale pour de s'estonner si les femmes fuyuent le Diable plus que les homes. Ne faut celer pourtant que Satan se efforce d'attirer à soy autant les homes que les femmes[1].

[1] Guaccius, *loc. cit.*, p. 74.

LE SABBAT

De ce qui se faict au Sabbat, & mesme de l'Offertoire des chandelles, du Baiser, des Danses, de l'Accouplement du Dæmon auec les Sorciers, des Festins, du Conte que rendent les Sorciers à Satan, du battement d'eau pour la gresle, de la Messe que l'on y célèbre, de l'eau benoiste que l'on faict, & comme Satan se consomme en feu & reduict en cendre.

« Le Sabbat est comme vne foire de marchands meslez, furieux et transportez, qui arriuent de toutes parts. Une rencontre & meslange de cent mille subiects soubdains & transitoires, nouueaulx à la verité, mais d'vne nouueauté effroyable qui offence l'œil, & soubsleue le cœur. Parmy ces mesmes subiects, il s'en voit de reels, & d'aultres prestigieux & illusoires : aulcuns plaisans (mais fort peu) côm sont les clochettes & instrumens melodieux qu'on y entend de toutes sortes, qui ne chatouillent que l'aureille, & ne touchent rien au cœur : consistant plus en bruyt qui estourdit et estonne, qu'en harmonie qui plaise et qui resiouisse. Les autres desplaisans, pleins

Fig. 10.

de difformité & d'horreur, ne tendant qu'à dissolution, priuation, ruine & destruction. Où les personnes s'y abbrutissent & transforment en bestes perdant la parole tant qu'elles y sont ainsi. Et les bestes au contraire y parlent, & semblent avoir plus de raison que les personnes chascun estant tiré hors son naturel. » De Lancre, *loc. cit.*, p. 119.)

Les Sorciers estans assemblez en leur Synagogue, adorent en premier lieu Satan, qui apparoist tantost en forme d'vn grand home noir ou rouge, gehenné, tourmenté et flamboyant comme vn feu qui sort d'une fournaise ardente, et tantost en forme d'vn bouc barbu, pour ce que le bouc est vne beste

Fig. 11.

puante, salace et lasciue [1], & pour luy faire un plus grand hommaige, ilz luy offrent des chandelles, qui rendent vne flambe de couleur bleuë, & puys le baisent aux parties honteuses darrière [2] (*Fig. 10*) : quelques-vns le baisent sus l'espaule : à d'aultres fois encor, il tient vne imaige noire qu'il

---

[1] Les catholiques, en ceci, ont copié les Grecs, qui representaient les Démons « en figures de Satyres paillards, moytié boucs & moytié hommes ».

[2] « Mais quel mespris, quel deshonneur, quelle villanie plus detestable peut on imaginer, que celle que souffrent les Sorciers estants contrains d'adorer Satan en guise de Bouc puant, et le baiser en la partie qu'on n'ose escrire, ny dire honnestement ? » (Bodin, *loc. cit.*, p. 114.)

« Tum candelis piceis oblatis, vel vmbilico infantuli : ad signum homagij eûm in podicem osculantur. » (*Compendium Maleficarum*, &c., p. 71.)

faict baiser aux Sorciers. Vray est que adorant Satan ilz ne se tiennent tousiours en mesme posture ; tancost le suppliant à deux genoilz ; tantost se renuersant sus le dos ; tantost iectant les iambes en hault, ne baissant la teste sus la poictrine, ains la releuant de façon que le menton soit tourné vers le Ciel. (*Fig. 11.*) Aultres fois ilz s'approchent du Dæmon le dos tourné, & aduancent lentement vers lui à l'instar des escreisses & les mains ioinctes par darrière ; lui parlant, ilz fixent leurs œilz en terre ; brief, ilz font tout au rebours de la coustume ordinaire.

Puys ilz dansent tantost auant, tantost apres leurs repas, & font leurs danses en rond doz contre doz, les boiteulx y vont plus dispostement que les aultres. Or, ilz dansent ainsi doz contre doz affin de n'estre pas congneuz : mais pour le

Fig. 12.

iour d'huy ilz ont vne aultre inuention au mesme effect, qui est de se masquer. (*Fig. 12.*)

« Il y a encore des Demons, écrit Boguet, qui assistent à ces danses en forme de boucs, ou de moutons, scelon qu'il a esté vérifié par les prenommez, & plusieurs aultres ; & mesme par Anthoine Tornier, ayant recougneu que lors qu'elle dansoit un mouton noir la tenoit appenduë par la main auec ses pieds, qui estoient comme elle disoit, bien haireux, c'est-à-dire rudes et reuesches. »

Les haulx boys ne manquent pas à ces esbats : Car il y en a qui sont commis à faire le debuoir de menestrier & ne sont tousiours sorciers prosez. La mere de Jehan de Hembach le mena un jour au Sabbat pour ce que encore qu'à poine adolescent il iouoit moult bellement du violon. Là pour estre mieulx ouy le feit monter en vn arbre voisin et lui commanda de iouer. (*Fig. 13.*) Luy cependent regardoit les Sorciers dansans & s'estonnoit de leurs gestes (car tout est au Sabbat ridi-

Fig. 13.

cule & à contre sens), ne se peut tenir de crier : « Bon Dieu, d'où viennent tous ces gens affolez et desordonnez. » Et tout soubdain cheut en terre, les Sorciers disparoissant, où feut le lendemain trouué seul le bras desmis & se lamentant bien fort. Satan y iouë mesme de la flutte le plus souuent, & à d'aultres fois les Sorciers se contentent de chanter à la voix : mais ilz disent leurs chansons pesle mesle, & auec vne confusion telle qu'ils ne s'entendent pas les vns les aultres. « Les Sorciers de Longny disoient en dansant : Har, har, Diable, Diable, faulte icy, faulte là, ioué icy, ioué là; et les autres

Bodin, *loc. cit.*, p. 104.

disoient : Sabbath, Sabbath, c'eſt-à-dire la feſte & iour de repos, en hauſſant les mains & ballays en hault, pour teſtifier & donner vn certain teſmoignage d'alaigreſſe, & que de bon cœur ilz ſeruent & adorent le Diable. » Quelques fois, mais rarement, ilz danſent deux à deux, & par fois l'vn çà & l'autre là, & touſiours en confuſion : eſtans telles danſes ſemblables à celles des ſees vrays Diables incorporez qui regnoient il n'y a pas longtemps. Les filles et femmes tiennent chaſcune leurs demons par la main, leſquelz leurs apprennent des traicts & geſtes ſi laſcifs & indecens, qu'ilz ſeroyent hor-

Fig. 14.

reur à la plus efrontée femme du monde, Auec des chanſons d'vne compoſition ſi brutale, & en termes & mots ſi licencieux & lubricques, que les yeux ſe troublent, les oreilles s'eſtourdiſſent, & l'entendement s'enchante, de voir tant de choſes monſtrueuſes qui s'y rencontrent à la fois. Et ſont touſiours ces danſes & tripudiations ſuiuies de fatigues & laſſitudes moult grieſues. Barbelline, deſia nommée, & aultres Sorcieres ont adoué eſtre retournées à la maiſon ſi haraſſées que ſouuentes fois il leurs falloit reſter au lict par deux iours entiers. Mais ce qui eſt choſe bien horrible & tres iniuſte, il n'eſt licite à nully de ſoy excuſer et ſi quelqu'vn alleguant ſon aage, ſa fatigue ou ſa ſanté, refuſe de danſer ou s'enfuyct, auſſitoſt il est frappé à coups de piedz & à coups de poings & n'est aultrement traicté que n'est le cuir assoupli par le martel.

Les danses finies, les Sorciers viennent à s'accoupler : le fils n'espargne pas la mere, ny le frere la sœur, ny le pere la fille : les incestes y sont communs : car aussi les Perses auoient opinion que pour estre bon Sorcier & Magicien, il falloit naistre de la mere et du fils. (*Fig. 14.*)

« Françoise Secretain aduouait que le Diable l'auoit congneuë charnellement quatre ou cinq fois, tantost en forme de chien, tantost en forme de chat & tantost en forme de poulle, & que sa semence estoit fort froide. » (Boguet, *loc. cit.*, p. 8.)

« Marguerite Bremont [1], femme de Noel Laueret, a dict que lundy dernier, apres iour sailly, elle feut auec Marion sa mere à vne assemblée, pres le moulin Franquis de Longny en vn pré & auoit sadicte mere vn ramô (*Fig. 15*) entre ses iambes disant : Ie ne mettray poinct les mots, & soubdain elles feurent transportées toutes deux audict lieu, où elles trouuerent Iean Robert, Iehanne Guillemin, Marie, femme de Simon d'Agneau, & Guillemette, femme d'vn nommé le Gras, qui auoient chascun vn ramon. Se trouuerent aussi en ce lieu six Diables, qui estoient en forme humaine [2], mais fort hideux à veoir, &c. Apres la danse finie, les Diables se coucherent auecques elles, et eurent leur compaignie : & l'vn d'eux, qui l'auoit menée danser, la print, & la baisa par deux fois, & habita auecques elle l'espace de plus de demie heure : mais delaissa aller la semence bien fort froide. Ieanne Guillemin se rapporte aussi au dire de celle-cy, & dict qu'ilz furent bien demie heure ensemble, et qu'il lascha de la semence bien fort froide. »

« Pour l'accouplement, Ieannette d'Abadie, aagée de seize ans, depose qu'elle a veu tout le monde se mesler incestueuse-

---

[1] Bodin, *loc. cit.*, p. 104.
[2] « Il (Cardan) dit aussi que les esprits malings sont *puants*, & le lieu *puant* là où ils fréquentent, et croy que de là vient que les anciens ont appelé les Sorciers *fœtentes*, & les Gascons *fetillères*, pour la *puanteur* d'icelles, qui vient comme ie croy de la copulation des Diables lesquels peut estre prennent les corps des pendus, ou autres semblables pour les actions charnelles & corporelles : comme aussi Vier a remarqué que les personnes demoniaques sont fort puantes. » (Bodin, *loc. cit.*, p. 133.)

Ce passage montre que, depuis longtemps, on a remarqué deux phénomènes cliniques souvent signalés par nous, à savoir l'haleine forte des hystériques et l'odeur qu'elles exhalent dans leurs *états de mal hystéro-épileptique*.

ment & contre tout ordre de nature,... s'accusant elle mesme

Fig. 15.

d'auoir esté depucellée par Satan & congneuë vne infinité de fois par vn sien parent & aultres qui l'en daignoient lemondre;

qu'elle fuyoit l'accouplement du Diable, à cause qu'ayant son membre faict en escailles il faict souffrir vne extresme dou-

Fig. 16.

leur; oultre que sa semence est extresmement froide, si bien qu'elle n'engroisse iamais ni celle des aultres hommes au

Sabbat, bien qu'elle soit naturelle... » (de Lancre, *loc. cit.*, p. 152.)

« Ie laisse à penser, dit Boguet, si l'on n'y exerce pas toutes les autres especes de lubricité du monde : mais ce qui est encore plus estrange, c'est que Satan se met là en Incube pour les femmes (*Fig. 16*), et en Succube pour les hommes. »

Les Sorciers apres s'estre veautrez parmy les plaisirs immondes de la chair bancquetent & se festoyent. Il y a differentes tables, trois ou quatre, où chascun se seoid selon sa dignité ou richesse; tantost chascun à costé de son dæmon,

Fig. 17.

tantost en face, les Diables estant tous d'un costé & les Sorciers de l'aultre. La benediction ne faict deffault à ces repas, mais condigne à l'assemblée, estant de parolles blasphesmatrices par lesquelles ilz confessent Beelzebub pour leur Createur, Dateur & Seruateur. Pareille est l'action de grâces qu'ilz disent au leuer des tables. Leurs bancquets sont composez de plusieurs sortes de viandes suppeditées par Satan ou apportées par chascun, scelon les lieux & qualitez des personnes : par deça la table est couuerte de beurre, de fromaige, & de chair. (*Fig. 17.*)

L'on y boit aussi tantost de l'eau & tantost du vin. Le vin semble à de l'ancre ou du sang guasté & n'est versé qu'en vaisseaux fort ignobles. Mais il n'y a iamais de sel : ce qui se faict pour ce que le sel est vn symbole de l'immortalité, que le Diable a extresmement en haine.

Il y en a qui ont esprit que de mesme l'on ne s'y seruoit point de pain; mais certaines Sorcieres ont rapporté le contraire & dict qu'elles auoient mangé au Sabbat du pain, de la chair, & du fromaige.

Cependent tous les Sorciers accordent qu'il n'y a poinct de goust aux viandes qu'ilz mangent au Sabbat, & que la chair n'est aultre chair que de cheual. Tous ceulx que le Diable a faict asseoir à sa table confessent que les mets y sont si trés deguoustants, soit à la veue, soit à l'odorat qu'ilz donneroient nausées à l'estomac d'vn pauure famélique aboyant de male faim. Barbelline desià nommée & Sybille Morel disent qu'on sert au Sabbat des mets de toute sorte, mais tant vils, tant sordides & mal apprestez qu'ilz valent à peine estre mangez. Nicolas Morel seut, pour leur guoust mauluois, aspre & amer obligé de les vomir aussitost par grand desplaisir. Ce que voyant le Dæmon entra en viue indignation & le faillit battre.

Dominique Isabelle adiouste qu'on seruoit aussi de la chair humaine; ce que Belleforest dict estre en vsaige frequent dans les malefices des Scythes.

Ilz adioustent quasi tous, que lorsqu'ilz sortent de table, ilz sont aussi affamez que quand ilz y entrent. « Antide Colas, d'après Boguet (*loc. cit.*, p. 111), rapportoit que les viandes estoient froides : Clauda disoit que ce qu'on mangeoit au Sabbat n'estoit que vent : Christofle disoit aussi à ce propos qu'il lui sembloit qu'elle ne mangeoit rien : d'où il se veoid que le Diable est tousiours trompeur puis qu'il repaist les siens de vent au lieu de viandes solides, comme s'ilz estoient des chameleons. »

Le bancquet paracheué l'on rend conte à Satan de ce que l'on a faict dés la derniere assemblée, et ceulx là sont les mieulx venus qui ont faict mourir le plus de personnes & de bestes, qui ont baillé le plus de maladies, qui ont gasté le plus de fruicts, brief qui ont commis le plus de meschancetez & abhominations ; les aultres qui se sont comportez vn peu plus humainement sont sifflez & mocquez de tous : on les fait mettre à l'escart, & sont encore le plus souuent battus, & mal traictez de leur maistre : & de là est venu commun prouerbe qui court entr'eulx : *Fay du pis que tu pourras, & le Diable ne sçaura que te demander.*

Car entre les Dæmons & les Sorciers, il est faict pact que tousiours doibvent avoir accompli nouveaulx messaicts par auant que de venir au Sabbat. Et pour que ilz n'ayent excuse d'ignorance leur meschant maistre leurs tient eschole & donne leçons de malefices. Il leur apprend à destruire les troupeaux ; ce qu'ilz font soit en repandant du poison, soit en enuoyant les diables on corps des animaulx. Aussi à perdre les moissons & les fruicts de la terre & a rendre les champs steriles en inuocquant le Diable. D'iceluy ilz recoipvent une pouldre

Fig. 18.

bien fine & la repandant en font naistre des sauterelles, des limaz, des papillons, charançons & aultres bestioles nocifues & infestes aux champs & aux iardins. De mesme font apparoistre multitude de ratz qui se mussant aussitot en terre deuorent germes & racines. Tantost font sortir des loups d'un arbre creux & les enuoient on bercail que ilz veulent dont ces loups ne sortent sans auoir faict grand carnaige. Vraysemblablement sont ces loups des dæmons soubs apparence d'animaulx.

Les Sorcieres ont confessé qu'elles faisoient la gresle au Sabbat, ou à leur volunté, affin de guaster les fruicts de la terre :

elles battoient, selon qu'elles difoient, à ceſt effect l'eaue auec vne baguette, & puis iectoient en l'aër, ou bien dedans l'eau certaine poudre qu'elles auoient eu de Satan, & par ce moyen il s'efleuoit vne nuée laquelle fe conuertiſſoit par apres en grefle (*Fig. 18*), & tomboit la part ou il plaiſoit aux Sorcieres ; quand l'eau faict deffault, elles fe feruent de leur vrine, ainsi que l'auons dict. D'aultres fois, impetrent par certaines parolles an mylieu des champs l'ayde de Lucifer prince des dæmons, pour qu'il enuoye vn des ſiens frapper de maléfices qui elles veulent; puys luy immolent en vn carrefour vn poulet noir & le iectent en l'aër. Le Dæmon s'empare du poulet

Fig. 19.

& obeit excitant auſſitoſt une tempeſte & faifant tomber grefle & tonnoire, non touſiours aux lieux defignez, mais selon la volunté & permiſſion de Dieu.

Affin de faire perir les hommes de male mort, les Sorciers ont couſtume d'exhumer des cadaures & notamment de ceulx qui ont eſté fupplicicz & pendus on gibet. De ces cadaures ilz tirent la fubftance & matiere de leurs fortileges, comme auſſi des inſtrumens du bourrel, des cordes, des pieux, des fers, etc., lefquelz font douez d'une certaine force & puiſſance magicque pour les incantations (*Fig. 19*).

Les Sorciers peuuent auſſi ardre et confumer les maifons,

comme il aduint en vne ville de Suede en l'an de grâce 1433 (*Fig. 20*).

Les Sorciers peuuent encore endormir aultruy par le moyen de certaines potions, chants et rites diabolicques (*Fig. 21*). affin de proffiter de leur fommeil pour inftiller en eulx un poifon mortel, enleuer ou tuer leurs enfants ou les defrober & les fouiller charnellement, voyre par adultere (*Fig. 22*).

Quelques foys ilz vfent, pour prouocquer le fommeil de certains cierges, ou des piedz & des mains des morts oingts premierement d'une huile donnée par le diable; ou bien de

Fig. 20.

chandelles fixées à chaque doigt ou de torches enchantées & d'une certaine greffe à eux congnuë. Et le fommeil dure autant que bruflent ces lumieres infernales.

Souuent auffi les Sorciers rendent par parolles & fignes cabbalifticques l'homme froid, maleficié & impotent à l'acte coniugal en fept manieres. La premiere en rendant un efpoux odieulx à l'aultre par calomnie, foubçon, maladie ou mauluoife odeur. La feconde en empefchant le rapprochement des corps, les detenant dans des lieux esloingnez ou interpofant quelque chofe entre eulx. La tierce par l'inhibition du paffage des efprits animaulx es membres genitaulx. La quarte par deffeicher & tollir la licqueur prolificque. La quinte en rendant le membre de l'homme mol & flasque toutes fois que veut accomplir l'acte de mariage. La sexte, par l'application d'ingrediens

Fig. 21.

naturellement refrigerans. Enfin en procurant le resserrement & coarctation extresme des parties de la femme ou en faisant le membre de l'homme retraict, abſcons & comme du tout perdu. Ce n'eſt à dire toutes fois que le membre viril ſoit en vérité enleué du corps, mais par leurs prestiges le cachent de telle façon qu'on ne ſçaurait plus veoir ny meſme toucher. Et ſont les Sorciers tellement couſtumiers de ce genre de maleſice que par certains pays on n'oſe mie celebrer les eſpouſailles en plein iour.

Il faut ſçauoir encore qu'il eſt aux Sorcieres en loy perpetuelle quand elles ont entre elles résolu de nuyre à aultruy

Fig. 22.

& que la volunté de Dieu ne l'a permis, de faire retomber le mal que elles auaient pourpenſé ſus une que deſigne le ſort. Car le Dæmon ne peut ſouffrir que ſes conſeils & aduis tombent en nullité & les force de ſubir ce qu'elles auaient tenté & proiecté contre les aultres. Ainſi feut de Catherine Preuoſt qui ne peut faire perir par le poiſon la fille unicque de vn ſien voiſin, nommé Michel Lecoq, pour ce que ſa mere par oraiſons & luſtrations quotidianes la præſeruait de toute incantation ; le Dæmon l'accuſant aſprement & lui reprochant de le fruſtrer de ſa proye, elle empoiſonna ſa propre fille Odille encore au berceau.

C'eſt après ce conte rendu des Sorciers que Satan ſe bande auec ſes ſuppoſts contre le Ciel, & qu'il conspire la ruine du genre humain : il faict renoncer de nouueau à ces miserables Dieu, Chresme & Baptesme : il leur faict rafraischir le serment solemnel, qu'ils ont faict de ne iamais parler de Dieu, de la Vierge Marie, ny des saincts & sainctes, si ce n'est par mocquerie & derision ; il leurs faict quitter leur part de Paradis : il leurs faict promettre qu'ilz le tiendront au contraire à iamais pour leur seul maistre, & qu'ilz luy seront tousiours fidelles : il les exhorte par apres de faire le plus de mal qu'ilz pourront, de nuire à leurs voisins, de les rendre malades, de faire

Fig. 23.

mourir leur bestail, de se venger de leurs ennemis, vsant de ces notions : *Vengez vous ou vous mourrez* ; il leurs faict de plus promettre de perdre & guaster les fruicts de la terre, & leurs baille de la poudre & de la gresse propre à cela, du moins il leurs faict ainsi croire. (*Fig. 23.*)

Il leur faict encore bien solemnellement iurer qu'ilz ne s'accuseront point les vns les aultres, & qu'ilz ne rapporteront aulcune chose de ce qui se sera passé entre eulx.

Les Sorciers en sixiesme lieu font la gresse. « Quelques Sorciers apres auoir sacrifié au Diable et s'estant oincts sont tournez en loups courant d'une legereté incroyable (*Fig. 24*), & souuent rechangez en loups sont couplez aux louues auec tel plaisir qu'ils ont accoustumé auec les femmes[1] ». Les aultres sont transformez en chatz[2].

Quelques fois encore l'on dict la Messe au Sabbat : mais, ajioute Boguet, ie ne puis escrire sans horreur la façon auec laquelle on la celebre, pour ce que celuy qui est commis à faire l'office est reuestu d'une chappe noire sans croix, & apres

Fig. 24.

auoir mis de l'eau dans le chalice, il tourne le doz à l'autel, & puis esleue vn rond de raue teinte en noir au lieu de

---

[1] Bodin, *loc. cit.*, p. 96.
[2] « De nostre temps vn nommé Charcot du bailliage de Gez, fut assailly nuictamment en vn bois par vne multitude de chats; mais comme il euft faict le signe de la croix, tout disparut. Et de plus fraische memoire vn homme de cheval passant sous le chasteau de Ioux, apperceut plusieurs chats sur vn arbre, il s'auance, & deslasche vne escopette, qu'il portoit, & faict tomber de dessus l'arbre au moyen de son coup vn demicin, auquel pendoyent plusieurs clefs, il prend le demicin & les clefs, & les emporte au village: estant descendu au logis il demande à disner, la maistresse ne se trouve point, non plus que les clefs de la caue. Il monstre le demicin, & les clefs qu'il portait: l'hoste recogneut que c'estoit le demicin & les clefs de sa femme, laquelle arriue sur ces entrefaictes estant blessée à l'hanche droitte: le mary la prenant par rigueur, elle confesse qu'elle venoit du Sabbat, et qu'elle y auoit perdu son demicin et ses clefs, après auoir receu vn coup descopette en l'vne des hanches. »(Boguet, *loc. cit.*, p. 269.)

l'hoftie & lors tous les Sorciers crient à haulte voix : *Maistre ayde nous.*

A ceſte ceremonie, dict Llorente, succede une aultre qui eſt imitation diabolicque & deſriſoire de la meſſe. Tout ſubitement s'apparoiſſent ſix ou ſept diables de moindre ranc & ſont par eulx dreſſé l'autel & apportez les chalice, patene, miſſel, buirettes & aultres tous obiets deſquels beſoing eſt. Ils diſpoſent & arrangent le dais ou chapelle es quelz ſe voient figures & imaiges demoniacques ſemblables à celles que Satan a prinſe pour la ceremonie. Ces diables l'aydent comme dia-

Fig. 25.

cres a ſoy veſtir de la mitre, de la chaſuble & aultres ornemens : & ſont iceulx tous noirs comme auſſi ceulx de l'autel. Le diable commence la meſſe, laquelle il deſiſte vn temps de continuer pour preſcher les aſſiſtans. (*Fig.* 25.) Il les exhorte à ne iamais retourner au Chriſt, leur promettant paradis bien meilleur que n'eſt celuy des chriſtians. Il les aſceûre que ilz le gaigneront d'autant mieulx que auront mis plus de ſoing à faire choſes defendues aux chriſtians.

Puis receoit l'offerte troſnant ſur un ſiege noir ; à ſa dextre eſt lors ſeante la principale ſorciere qui eſt appellée Royne des ſorcieres, tenant en main vne paix en laquelle eſt engrauée la figure du Dœmon ; à ſon coſté ſeneſtre ſe tient le premier des forciers qui eft le Roy portant vn baffin. Les principaux affiftans & aultres profez font hommaige de leur offrande, petite ou grande, fuyuant leurs moyens & intention ; les femmes à l'ordinaire præsentent des gafteaux de froment. Enfuite vn chafcun ayant baifé la paix, on adore le Dæmon à genoilz luy baifant encore vne foys le fondement dont fort exhalaifon & odeur punaife. Ce pendent par vn des diables feruants lui eft tenue la queue leuée. Par apres la meffe eft continuée; le Diable alors confacre une chofe ronde femblant femelle de foulier, marquée de fon imaige ; ce faifant prononce les parolles de la confecration du pain. Enfuite confacre le chalice auquel eft contenue licqueur deguoufante. Satan ayant lors communié diftribue aux forciers la communion foubs les deux especes. Bien eft ce que il donne à manger chofe noire, afpre, fort difficile à mafcher & aualler auffi eft la licqueur noire, amere et grandement efcœurante.

Le Diable auffi pour faire l'eau benoifte piffe dans vn trou à terre & par apres les affiftans font arrofez de fon vrine auec vn afperges noir par celluy qui faict l'office.

Finalement Satan prenant la figure d'vn bouc fe confomm en feu & fe reduict en cendre, laquelle les Sorcieres recueillent & cachent, pour s'en feruir à l'execution de leurs deffeins pernicieux et ahominables.

N. B. — *La planche ci-jointe, empruntée à* l'Histoire des Imaginations extravagantes de Monsieur Oufle, *représente l'ensemble des scènes de Sabbat.*

www.ingramcontent.com/pod-product-compliance
Lightning Source LLC
Chambersburg PA
CBHW060707050426
42451CB00010B/1317